简化八卦掌 25 式

刘玉海　编著

北京体育大学出版社

策划编辑 井亚琼　孙宇辉

责任编辑 井亚琼

责任校对 陆继萍

版式设计 谭德毅

图书在版编目（CIP）数据

简化八卦掌 25 式 / 刘玉海编著 . -- 北京：北京体
育大学出版社 , 2025. 3. -- ISBN 978-7-5644-4267-5

Ⅰ . G852.16

中国国家版本馆 CIP 数据核字第 20250Y37S2 号

简化八卦掌 25 式

JIANHUA BAGUAZHANG 25 SHI

刘玉海　编著

出版发行：	北京体育大学出版社	
地　　址：	北京市海淀区农大南路 1 号院 2 号楼 2 层办公 B-212	
邮　　编：	100084	
网　　址：	http://cbs. bsu. edu. cn	
发 行 部：	010-62989320	
邮 购 部：	北京体育大学出版社读者服务部 010-62989432	
印　　刷：	三河市龙大印装有限公司	
开　　本：	710mm×1000mm　1/16	
成品尺寸：	170mm×240mm	
印　　张：	4.25	
字　　数：	52 千字	
版　　次：	2025 年 3 月第 1 版	
印　　次：	2025 年 3 月第 1 次印刷	
定　　价：	35.00 元	

作者简介

刘玉海，现任河北省传统武术联合会廊坊分会副会长、内家拳研究会副会长，爱好武术、写作和书法。

在武术方面，师从国家级非物质文化遗产八卦掌传承人，董式八卦掌第四代、郭式八卦掌第二代传人，河北省传统武术联合会廊坊分会会长郭振亚，学习八卦掌、形意拳和杨式太极拳以及缠手，多次参加全国及省市武术表演和比赛，两次获得全国武术比赛金牌。

在写作方面，多次发表散文、诗词、报告文学和小说作品，其中，小说有《厂长的秘密》《同学同事》等。

在书法方面，曾获第二届"新时代"全国诗书画印联赛银奖、第三届"新时代"全国诗书画印联赛金奖、第十一届"羲之杯"全国诗书画家邀请赛一等奖等。书法作品有《毛泽东词·清平乐·六盘山》《和行天下》。

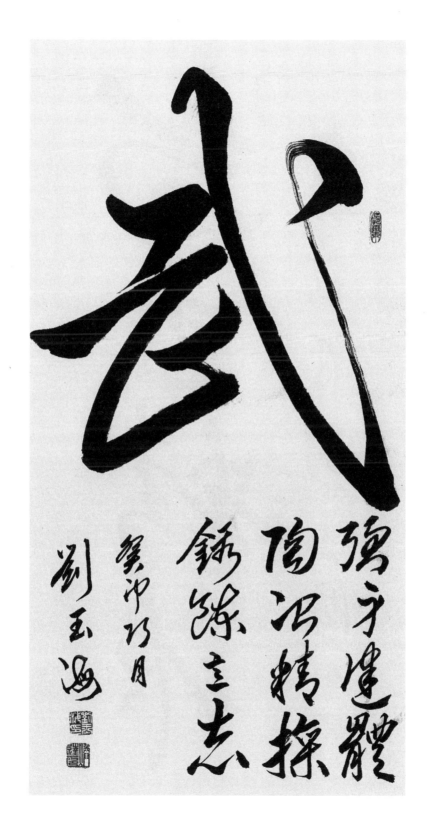

武

强身健体
陶冶情操
铸炼之志

癸卯巧月
刘玉海

1

尚志精求

癸巳巧月劉玉海

序

《简化八卦掌25式》一书的书名是我起的。当时弟子玉海向我提出编写此书的想法时，我很高兴，也很重视此书的出版。

我时常思考八卦掌的传承和发展问题，尤其在深入推广、扩大受众群体方面进行过多层面的探究和实践。或许《简化八卦掌25式》的出版能够助益八卦掌的发展。

《简化八卦掌25式》一书将"郭式八卦掌"最具代表性、技击性的动作顺畅地组合成套路，融合了"郭式八卦掌"的特色和风格，是对"郭式八卦掌"的继承和发展。《简化八卦掌25式》具有十分鲜明的散手特点，不仅简单易学，而且实用。

《简化八卦掌25式》一书，几易其稿。为了体现八卦掌走圈换位、在运动中发力的特点和顺者为拳的理念，我几次带领玉海和其他徒弟在九宫桩里穿桩演练，让他们体会在运动中发力，圈内打人的真谛，强化他们对八卦掌的应变性、连贯性和实战性的感受。

总体来讲，《简化八卦掌25式》一书中展示的动作虽然简练，省去了过度的动作和重复的动作，但八卦掌的实质内涵不减，反而更加简单易学了。此书是练功和健身养生的有益书籍，值得推广和传播。希望弟子玉海进一步刻苦练功，精学细研，提升研学质量，并且更加积极、努力地推广八卦掌。

郭振亚

2024 年 9 月 23 日

前言

20 世纪 80 年代中期，我跟随师父郭振亚学习内家拳三大拳种——太极拳、形意拳和八卦掌。后来，在师父的指导下，我侧重系统地学习了八卦掌。

出于对武术的热爱，我在刻苦练习师父传授的基本功、套路等功法的同时，还通过网络和书籍等多种方式学习相关知识，不断拓展自己的视野和知识面。在学习过程中，我的总体感觉是在网络上、书籍中，见到太极拳、形意拳的相关内容比较多，八卦掌的相关内容比较少。从晨练的人群来看，也是练太极拳、形意拳的比较多，可见其传播面比较广，练八卦掌的则较少。

我学习八卦掌多年，深感八卦掌无论是八桩、八式、八大掌，还是套路和器械，以及技击和健身方面，都是具有优势的。尤其是在拳理上，八卦掌充分融入了五行八卦的精髓，以及道家"天人合一"的思想，从而更加博大精深、奥妙无穷。

这么好的拳种，为什么普及面比较小呢？经过我的观察分析，从受众层面来看，只有少数人以传承为目的，而多数人是以健身为目的的。所以，既简单、实用、易学，又可健身的招式才最受广大群众的欢迎。于是，我渐渐地产生了编写一套既具有传统八卦掌特色，又简单易学，还可健身的套路动作的想法。于是，在师父的指导下，《简化八卦掌

25 式》一书就此成形了。

《简化八卦掌 25 式》一书是在师父和其长子郭浩所著的《郭氏八卦掌》，以及我编著的《八卦掌实用技击招法》的基础上，本着简练、实用、健身和便于推广的原则，从《郭氏八卦掌》八大掌的 85 个动作中，选出了具有传统性、代表性和技击性的 23 个动作，加上起势和收势动作，共 25 式，经过多次修改编写而成的。其中包含了我多年练习八卦掌的思考和总结，融入了师父的武学思想和体会，一招一式都充分体现着师父经常讲的"顺者为拳，顺势而为"的理念和"整劲上身，唯快不破"的技击思想。

"简化八卦掌 25 式"可以按单方向练，也可以从正反两个方向练，这也是八卦掌区别于其他拳种的鲜明特点。正练、反练的动作相同，只是方向相反。书中的演练为正练，正练的收势动作两掌不向外推，直接走左脱身化影，依次到收势，就形成了正反两个方向的演练，这充分体现了八卦掌善于变化的特点。按一般速度练，正反两个方向练习用时一分钟左右，也基本符合武术套路比赛单练的时间。即使不作为参赛套路，正反两个方向练习，不仅能增强练习者身体器官的功能，而且能训练左右发力。因此，八卦掌是一种平衡拳，对健身养生是非常有益的。

《简化八卦掌 25 式》一书可能还有许多不成熟的地方，希望广大读者提出宝贵意见。

刘玉海

2024 年 10 月 11 日

目录

第一章 概述 1

   第一节 八卦掌的传承体系 2

   第二节 八卦掌的基本知识 3

   第三节 "简化八卦掌25式"的基本特点 5

   第四节 "简化八卦掌25式"的基本练法 6

   第五节 "简化八卦掌25式"与八卦散手掌 8

第二章 动作示范 9

   第一节 "简化八卦掌25式"的走圈换位 10

   第二节 "简化八卦掌25式"动作示范 13

      一、起势 13

      二、脱身化影 15

三、单换掌 ……………………… 16

四、紫燕抛剪 …………………… 17

五、叶底藏花 …………………… 19

六、力劈华山（左）…………… 20

七、上步三盘掌 ………………… 21

八、仙人让路 …………………… 22

九、力劈华山（右）…………… 23

十、五龙探手 …………………… 24

十一、横扫千军 ………………… 25

十二、霸王托鼎 ………………… 26

十三、金龙缠身 ………………… 28

十四、猛虎回头 ………………… 29

十五、鹞子钻天 ………………… 31

十六、金蛇伏地 ………………… 32

十七、龙形式 …………………… 33

十八、胸前挂印 ………………… 34

十九、双撞掌 …………………… 35

二十、白猿献果 36

二十一、脑后摘盔 37

二十二、回头望月 38

二十三、云掌 39

二十四、金鱼合口 40

二十五、收势 41

附录 43

　　附录一　"郭式八卦掌"拳谱（动作名称）........... 43

　　附录二　张村国际武术小镇穿桩演练剪影........... 46

后记 51

第一章

概述

第一节　八卦掌的传承体系

一、刘派八卦掌的传承体系

八卦掌是清末的董海川所创，传承范围广泛，后来形成了影响力较大的尹派、程派等几大流派。以下是董海川亲传弟子刘宝珍这一支的传承体系。

董海川——刘宝珍——郭孟申（刘宝珍弟子之一）——郭振亚——郭浩、刘玉海等。

二、"郭式八卦掌"的传承体系

2011 年，八卦掌（河北省固安县申报）被列为国家级非物质文化遗产。目前，八卦掌不仅在国内如北京、成都、重庆、武汉等地传播较广，影响力较大，而且在海外如韩国、西班牙、哈萨克斯坦、澳大利亚等国家也得到了很好的传播。"郭式八卦掌"是郭氏三代在继承传统八卦掌的基础上，经过多年的实践探索和传承推广而成的，具有鲜明的特色。以下是"郭式八卦掌"的传承体系。

郭孟申——郭振亚——郭浩、刘玉海等。

刘玉海——赵锡堂、刘尚、孙涛、李政泽、张文学等。

第二节　八卦掌的基本知识

八卦掌是一种以掌法变换和行步走转为主的拳术，是中国传统武术当中的著名拳种之一。

八卦掌是一种体系完整，由桩法、掌法和器械组成的传统拳术。就掌法讲，八卦掌包括八桩、八式和八大掌。

八桩：夹（夹马桩，定桩）、推（推山桩，动桩）、缠（缠身桩，动桩）、拧（拧穿桩，动桩）、披（下披桩，动桩）、拍（双拍桩，动桩）、翻（翻身桩，动桩）、提（提筋桩，定桩）。

八式：松沉式、推山式、抱球式、茶壶式、金钟式、猴形式、探爪式、眼观式。

八大掌：单换掌、双换掌、顺势掌、转身掌、回身掌、撩阴掌、摩身掌、揉身掌。

在这里，我们只对八大掌进行初步探索和研究。

1. 基本手型

八卦掌的手型以掌为主。"郭式八卦掌"为龙爪掌，或叫撑掌，五指自然分开，虎口撑圆，食指微顶，力在掌心。

2. 基本步法

以趟、踩、摆、扣为主。步法中含有暗腿。

3. 主要掌法

以掌代拳。以推托带领、搬扣劈进、拧翻走转、穿闪截拦为主，以刁按切撞、云采撩抹为辅。

4. 主要腿法

以摆扣勾挂、提点踹裹、擢圈藏顶为主，其中包括明腿和暗腿。明腿指显形于外的腿法，暗腿指暗含于步法中的腿法。

5. 身法特点

身似游龙，静若处子，动若脱兔。攻若蛟龙闹海，有雷霆之势；发似霹雳闪电，有惊炸之功。

6. 眼法特点

眼似闪电，神形合一，心领神会，明察秋毫，捕捉先机。

7. 主要运动形式

以走圈换位为主，其千变万化，皆源于圈中。转掌走圈有三盘功夫，即上盘、中盘、下盘。一般达到中盘即可。

8. 主要技击特点

在运动中发力，在换位中技击，在走圈中防化，"拳"走偏锋，避正打斜，避实就虚，如影随形，一式多劲，横打竖撞。

第三节 "简化八卦掌 25 式"的基本特点

"简化八卦掌 25 式"基本沿袭了"郭式八卦掌"套路的基本特点。在表现形式上，其体现出"短小精悍、简单易学、凝练流畅、技击实用、健身养生"的特点。

在运动形式上，"郭式八卦掌"的套路以走圈为主，是有规律的"自转"与"公转"，而在《八卦掌实用技击招法》一书中展现的是随机应变的"自转"与"公转"。"简化八卦掌 25 式"是两者的结合，以八卦掌走圈为体，以实用招法和自身旋转换位为用，保留了八卦掌的手、眼、身、步、法的基本特点。本书中没有单独走圈的动作，而是体现在每招每式的步法的摆扣动作之中。

在技击特点上，"简化八卦掌 25 式"融"推、托、带、领、搬、扣、劈、进"掌法于一体，汇"滚、钻、挣、裹、拧、旋、坐、翻"劲法和"弹、抖、切、削、顶、刁、刺、穿"力点于一身，讲究"一穿、二走、三观、四发、五定、六钻、七拧、八翻"。式式相连，招招实用。通过强化练习，练习者可以熟悉发力点，掌握实用技巧，增强实战能力。

第四节 "简化八卦掌 25 式"的基本练法

"简化八卦掌 25 式"简单易学，方便练习。其练法以"郭式八卦掌"的套路为基础，以走圈为运动形式，以身法、步法、掌法为要领，只是在步法方面，在趟泥步、摆扣步的基础上，加上了插步。摆扣步是向前走转，插步是向后走转。"简化八卦掌 25 式"练起来有进有退，可快可慢，慢则健身，快则实用。

练习的基本法则：

舌顶上颚，立项顶玄。

含胸拔背，坠肘沉肩。

膝抱开合，提肛臀敛。

阴摆阳扣，起钻落翻。

缩身长手，气沉丹田。

周身整劲，浪涌波旋。

走圈换位，灵动多变。

天人合一，道法自然。

练习者在练习时要做到"四形、三空"。"四形"即蹲坐如虎，行走如龙，回转若猴，换式似鹰。"三空"即手心要空、胸心要空、足心要空。

"简化八卦掌 25 式"可谓：

进退连环脚生风，

身似陀螺拧旋中。

掌似闪电云中炸,

气势如虹贯长空。

可以说,无论练习者是否有八卦掌练习基础,都能练习"简化八卦掌25式"。

第五节　"简化八卦掌 25 式"与八卦散手掌

　　首先，要理解"散手"一词的意思。从古义上讲，它指传统武术的一个重要练功手段，通常是同门间的"拆招、喂招"。它与"散打"一词有些不同。"散打"是在武术散手的基础上形成的一个体育项目。两者的进攻方法不同，散打是国际武术一个主要的表现形式，以踢、打、摔、拿四大技法为主要进攻手段。散手主要指相搏的招数或者组合方法。

　　其次，要理解八卦散手掌的精髓。八卦散手掌的精髓是"灵动性、变化快"，顺者为拳，随心所欲，无招无式，如影随形，千变万化，能融万拳。八卦散手掌集八卦、太极于一身，融五行、阴阳于一体，是道家思想文化"一生二，二生三，三生万物""九九归一"的深刻体现。这是练习八卦散手掌的最高境界。

　　最后，要理解"简化八卦掌 25 式"与八卦散手掌的关系。比较而言，"简化八卦掌 25 式"的实战性、技击性、可操练性都很强，近似八卦散手掌，但它又有一定的局限性。练习它是为了更好地练习抢占位、身法、节奏、速度，掌握找准发力点、随势发力的方法。有八卦掌练习基础的练习者，可以将"简化八卦掌 25 式"与传统八卦掌的八大掌结合练习，互为促进。同时，练习"简化八卦掌 25 式"也为零基础的爱好者，更好地学习和掌握"郭式八卦掌"以及八卦散手掌的精髓，打下扎实的基础。

第二章
动作示范

第一节 "简化八卦掌 25 式"的走圈换位

按照八卦掌"走圈换位"的方法，"简化八卦掌 25 式"的线路基本是走在圈中，变化在弧线上。其走圈换位线路见图 2-1。

图 2-1（a）中的练习招式从（1）起势、（2）脱身化影开始，按顺时针顺序至（10）五龙探手为一圈。

图 2-1（b）中的练习招式从（10）五龙探手开始，按逆时针顺序至（15）鹞子钻天为一圈，再从（16）金蛇伏地开始走阴阳鱼的鱼线（中线，也叫阴阳包容线）至（20）白猿献果。

图 2-1（c）中的练习招式从（20）白猿献果开始，按顺时针顺序至（25）收势结束。

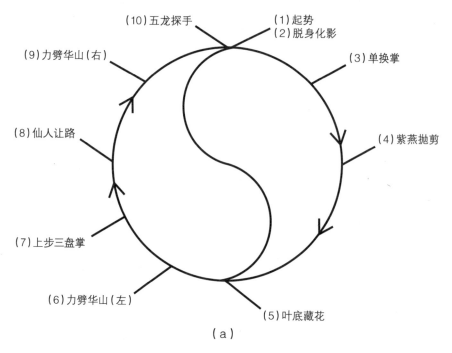

（a）

图 2-1 "简化八卦掌 25 式"走圈换位线路

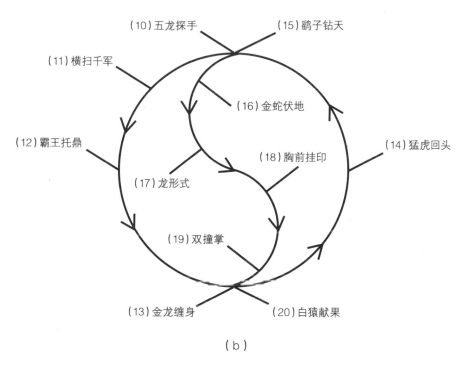

（b）

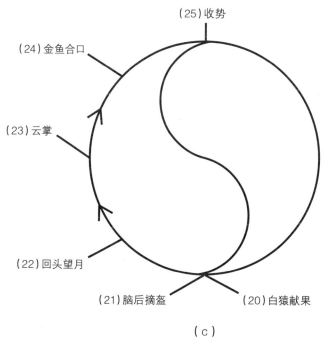

（c）

图 2-1　"简化八卦掌 25 式"走圈换位线路（续）

图 2-1 为示意图，所标示的动作位置是大致位置，在实际练习时基本遵循即可。等练习者完全掌握了，或者有一定练习基础的爱好者，在练习过程中，只要遵循走圈换位的方法和八卦掌的基本特点，基本把握收势能够回到起势的位置，则完全可以放开练。

虽然图 2-1 展现的是圆形，但在实际练习中线路是可以变形的，可以是椭圆形，也可以是弧线，这取决于运动中摆扣步和插步的步幅大小，以及在实战中取势占位的需要。

从图 2-1 来看，"简化八卦掌 25 式"的第 1 ～ 15 式动作均走在圆周上，从攻防的角度看，这正体现了八卦掌"拳"走偏锋、避正打斜、避实就虚的特点；第 16 ～ 20 式动作均走在阴阳鱼的鱼线上，表明八卦掌的动作阴中有阳，阳中有阴，阴阳变化，相生相克，从技击角度看属于正面攻防，体现攻中有防，防中有攻，攻防兼备的特点；第 21 ～ 25 式，动作又回到了圆周上，也意味着开始了侧面攻防。以上动作轨迹大致成圆即可，有的动作可以不在同一个圆的轨迹上，但只要是在走圈，或者说走在弧线上即可。练习八卦掌就像推磨，不走圈就产生不了推磨的效果。

第二节 "简化八卦掌25式"动作示范

本书中大部分动作示范由动作说明、动作要领和技击要点三部分组成，少数动作示范增加了最易衍生的技击方法。其中，动作要领和技击要点都是针对该式动作做的简要解释。最易衍生的技击方法是在该式动作的基本原理之上，最容易演变出的技击动作，这也充分体现了八卦掌"易变、多变"的特点。本书介绍的技击要点是有条件的，即仅在现有的状态下是这样的，按此练习，练的是基本动作，熟练的是技能，增强的是肌肉记忆。实际上，技击方法是随练习状态的改变千变万化、随即衍生的，其基本要求是要做到"一灵三活"，一灵即眼睛要灵，三活即步法活、身法活、掌法活。

一、起势

1.动作说明

（1）预备式：自然站立，立身中正，目视前方，顶头沉肩，双手下垂，含胸拔背，双脚扣地，气抱丹田，见图2-2（a）。

（2）接预备式，双脚分开，略比肩宽，膝关节内扣的同时，屈膝下蹲成夹马步。双臂屈肘平抬于腰侧，两掌心向上，见图2-2（b）。

（3）动作不停，两掌上托，外旋（拇指领劲，向掌心方向旋转）前插，两掌背斜相对，掌心斜向下，见图2-2（c）。

（4）动作不停，两掌分开，内旋（小指领劲，向掌心方向旋转）沿弧线收于腰侧，两掌心向上，动作与图2-2（b）所示相同，两掌外旋向外推出，成掌心斜相对，如持球状，除拇指外的四指自然分开，虎口圆撑，肘尖下垂，含胸圆背，臀部内敛，目视前方，见图 2-2（d）。

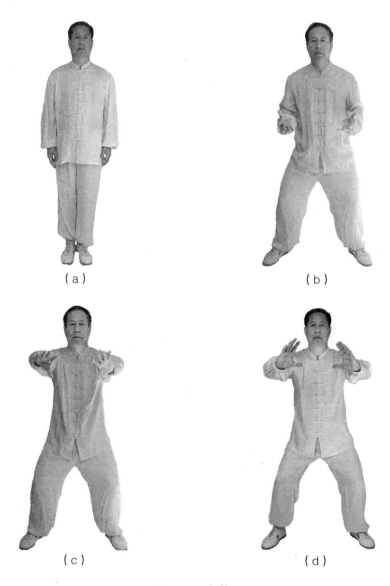

（a）

（b）

（c）

（d）

图 2-2　起势

2. 动作要领

（1）做预备式时，立身中正，顶头沉肩，双脚扣地，气抱丹田。

（2）脚趾抓地，膝扣腿夹，腹提裆沉，臀敛背圆，松肩坠肘，提肛吊顶，舌抵上颚，呼吸绵长深远。两掌内旋、外旋动作清晰，拧旋捧缠撑劲圆满。

3. 技击要点

接化来袭之拳，变双撞掌击打对方。

二、脱身化影

1. 动作说明

接上式，重心右移成三才步，同时两掌左右分开，右掌略高于头部，掌心斜向上，左掌按于左腰外侧，两掌对撑，目视前方，见图 2-3。

图 2-3 脱身化影

2. 动作要领

（1）重心移至右侧要快，重点突出一个"闪"字。

（2）两掌斜向对撑。

3. 技击要点

（1）躲闪防化来袭之拳。

（2）用肩背靠击对方。

三、单换掌

1. 动作说明

接上式，重心左移，右脚上步成三才步，右掌内旋，沿弧线上穿，掌心斜向上，左掌沿弧线扣于左胯旁，见图 2-4。

图 2-4　单换掌

2. 动作要领

重心左移和右脚上步要体现一个"快"字，两掌变化要与之协调同步。

3. 技击要点

（1）以防化为主。

（2）横打竖靠对方。

4. 最易衍生的技击方法

穿击对方的喉咙或眼睛。

注意，若不遇歹徒，则点到为止。

四、紫燕抛剪

1. 动作说明

（1）接上式，做左紫燕抛剪式，即左脚插步，同时身体左转，随势两掌相合于胸前，见图2-5（a）。

（2）动作不停，随左转身，右掌向下，按于右胯旁，左掌心向上，向左前上方穿出，目视左掌，见图2-5（b）。

（a） （b）

图 2-5 紫燕抛剪

2. 动作要领

左脚插步转身要快速协调，两掌相合蓄劲，左臂外抛发力，两掌成对撑之势。

3. 技击要点

左脚插步于对方身后，左掌心向上，穿于对方的胸前，随左转身顺势将其发出。

4. 最易衍生的技击方法

（1）左脚插步于对方身后，用肩背靠击或肘击对方。

（2）左脚插步于对方身后，左掌心向上，穿于对方的胸前，随左转身掌心向下做截腿摔。

五、叶底藏花

1. 动作说明

接上式，左掌外旋，掌心向外，立于右肩前，重心移至左脚，扣右脚上步，身体左转。右掌内旋，沿弧线经左腋下，然后下插，见图2-6。

图2-6　叶底藏花

2. 动作要领

扣右脚上步和右掌下插要协调一致，身体的合抱和手的滚翻穿钻之劲要体现出来。

3. 技击要点

左掌外旋时，拿住对方的来袭之拳向外领带，右脚扣于对方的身后，右臂搂住对方的脖颈，随身体左转将对方摔出。

六、力劈华山（左）

1.动作说明

接上式，重心移至右脚，起左脚，左转身，左脚向左前方上步，同时，左掌沿弧线向左劈出，右掌按于右胯旁，见图2-7。

[1]

（a）正面　　　　　　　　　（b）背面

图2-7　力劈华山（左）

2.动作要领

左脚上步要迅速到位，左转身与左劈掌要协调一致，劈掌要力点清晰。

3.技击要点

（1）随左转身用肩背靠击对方。

（2）劈击对方的面门、脖颈等。

---

[1] 为更清楚地展示动作，接下来的动作以图2-7（b）背面视角开始。

七、上步三盘掌

1. 动作说明

（1）接上式，扣右脚上步，穿右掌，见图 2-8（a）。

（2）动作不停，扣左脚上步，穿左掌，见图 2-8（b）。

（3）动作不停，右脚上步，左掌上架，右掌向前击出，见图 2-8(c)。

（a）　　　　　　　（b）　　　　　　　（c）

图 2-8　上步三盘掌

2. 动作要领

收紧身体，上步要快速、协调，左右掌转换要与步法同步，要打出连贯性、拧穿劲以及力点来。

3. 技击要点

（1）扣右脚上步于对方外侧，穿右掌于对方来袭之拳外侧。

（2）扣左脚上步，穿左掌于对方来袭之拳内侧上架。

（3）右脚上步于对方的中线，出右掌击打对方的胸部。

4. 最易衍生的技击方法

（1）变踏掌击打对方的腹部。

（2）变切掌击打对方支撑腿侧的腹股沟。

八、仙人让路

1. 动作说明

接上式，重心转移至左脚，收右脚，同时右掌收于右腿外侧，掌心向后，左掌成立掌放于右肩处，见图 2-9。

图 2-9　仙人让路

2. 动作要领

收右脚缩身，内含蓄劲，目视右前方。

3. 技击要点

以躲闪防化为主。

九、力劈华山（右）

1. 动作说明

接上式，右脚上步成三才步，同时右掌向前劈出，左掌按于左胯旁，见图2-10。

图2-10　力劈华山（右）

2. 动作要领

缩身蓄劲，手脚动作协调一致，劈掌要力点清晰。

3. 技击要点

上步要迅速到位，右劈掌击打对方的面门或脖颈。

十、五龙探手

1.动作说明

（1）接上式，重心移至右脚，左脚上步成三才步，同时左掌从右肩前俯掌，与右掌仰掌相合，见图 2-11（a）。

（2）动作不停，重心移至左脚，同时身体略右转，左掌向前穿出，右掌收于胸前，见图 2-11（b）。

（3）动作不停，右转身，随之右掌穿于口前，左掌于身后外撑，见图 2-11（c）。

（4）动作不停，右掌继续向前方穿出，左掌按于左胯旁，见图 2-11（d）。

（a）

（b）

图 2-11　五龙探手

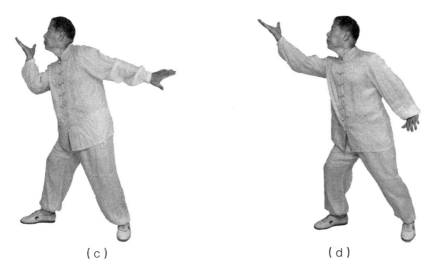

（c）　　　　　　　　　　　（d）

图 2-11　五龙探手（续）

2. 动作要领

上式的右劈掌落点之际，即刻穿左掌，然后回身穿右掌。

3. 技击要点

（1）左掌向前穿击对方的喉咙或眼睛。

（2）转身穿右掌既可化解身后来袭之拳，又可穿击身后对方的喉咙或眼睛。

注意，若不遇歹徒，则点到为止。

十一、横扫千军

1. 动作说明

（1）接上式，提右腿，重心后移，右掌外旋与肩平，掌心向外。左掌抬起外撑，见图 2-12（a）。

（2）动作不停，右掌向右、向下划弧至腰部，掌心向上。左掌内旋收于腹前，掌心向上，与右掌相合，见图 2-12（b）。

（a）   （b）

图 2-12　横扫千军

2. 动作要领

两掌左右弧线外撑，两掌相合时身体收紧。

3. 技击要点

（1）提右腿时，用右膝顶击对方身体的中部。

（2）两掌弧线外撑以防化对方的袭击。

（3）两掌相合时，砍击对方的两肋。

十二、霸王托鼎

1. 动作说明

（1）接上式，右脚落地，重心右移，同时两掌分开，掌心向外，见图 2-13（a）。

（2）动作不停，左脚上步，同时两掌内旋，左掌向上穿托，右掌置于胸前，掌心向上，见图 2-13（b）。

（a）　　　　　　　　　　（b）

图 2-13　霸王托鼎

2. 动作要领

上步、托掌要一致，左托掌要略高于头顶，或与头顶齐平。

3. 技击要点

（1）可以分开两侧来袭之拳。

（2）左掌穿托于对方的上臂之下，化解来袭之拳，右掌辅之。

4. 最易衍生的技击方法

左掌（或变拳）击打对方的下颌。

十三、金龙缠身

1. 动作说明

（1）接上式，左脚微扣，重心移至左脚，提右腿，身体右转，左掌外旋翻掌上架于头上，右掌沿右腹部带脉划半圈，放于命门穴处，见图 2-14（a）。

（2）动作不停，右脚外摆落地，继续右转身，右掌沿弧线至身后，再向前穿出，掌心向后，左掌不变，见图 2-14（b）。

（3）动作不停，重心移至右脚，右掌内旋上穿，掌心斜向上，左掌按于左胯旁，见图 2-14（c）。

（a）　　　　　　　　（b）　　　　　　　　（c）

图 2-14　金龙缠身

2. 动作要领

（1）尽量高抬右膝，身体收缩。

（2）右脚外摆落地要到位，身体的伸缩拧裹滚钻劲力要一体。

3. 技击要点

右脚外摆要落于对方的体前，右掌穿于对方的身后，利用身体的伸缩拧裹滚钻劲力将其摔出。

十四、猛虎回头

1. 动作说明

（1）接上式，重心右移，提左腿，屈膝，脚尖上勾，身体、头部微左转，目视左前方，左臂屈肘立掌于左膝上方，掌心向内，右掌扣于裆前，见图 2-15（a）。

（2）动作不停，左脚微外摆落地，重心移至左脚。同时，左掌外旋向前穿出，上体、头部、视线不变，见图 2-15（b）。

（3）动作不停，提右腿，屈膝，脚尖上勾，身体、头部微右转，目视右前方，右臂屈肘立掌于右膝上方，掌心向内，左掌扣于裆前，见图 2-15（c）。

（4）动作不停，右脚微外摆落地，重心移至右脚。同时，右掌向前穿出，掌心向外，上体、头部、视线不变，见图 2-15（d）。

2. 动作要领

提腿、屈膝、屈肘要同步，落地穿掌、转身、转头要协调。

3. 技击要点

（1）屈肘化解来袭之拳，屈膝顶击对方身体的中部。

（2）落脚蹬踹对方的小腿，穿掌戳击对方的两肋。

4. 最易衍生的技击方法

落脚蹬踹衍生为侧踹腿蹬踹对方身体的中部。

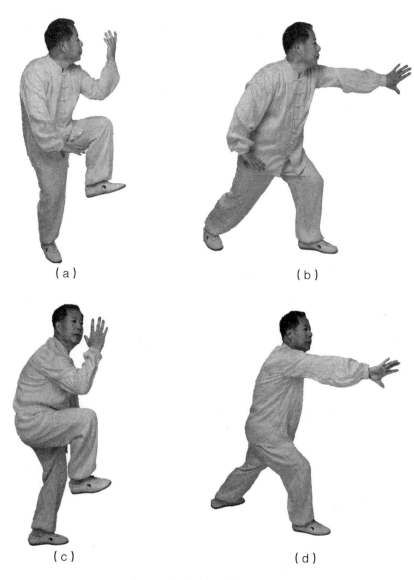

（a）   （b）

（c）   （d）

图 2-15　猛虎回头

十五、鹞子钻天

1.动作说明

（1）接上式，左脚上步，同时左掌在上，右掌在下相合，目视左前方，见图 2-16（a）。

（2）动作不停，左掌上穿，右掌下插至裆前，见图 2-16（b）。

（a）   （b）

图 2-16　鹞子钻天

2.动作要领

左脚上步进身时，要有肩背顶靠劲。

3.技击要点

以左肩背顶靠对方。

4.最易衍生的技击方法

左掌演化为拳，击打对方的下颌。

十六、金蛇伏地

1.动作说明

（1）接上式，重心移至左腿，右腿下滑成仆步，同时右掌顺势插掌，左掌下落与肩齐（或略高于肩），掌心向上，见图 2-17（a）。

（2）动作不停，重心右移，成右弓步，同时右掌上撩，左掌下落至臀后，见图 2-17（b）。

（a）   （b）

图 2-17　金蛇伏地

2.动作要领

仆步要占据对方的中线，仆步转弓步要快速刚猛。

3.技击要点

插裆撩阴。

4.最易衍生的技击方法

挑腿摔。

十七、龙形式

1. 动作说明

（1）接上式，重心左移，身体微左转，成右虚步，右掌外旋，左掌内旋，两掌相合于胸前，见图 2-18（a）。

（2）动作不停，重心继续左移，成左弓步，两掌分开，右掌成按掌，左掌成托掌，见图 2-18（b）。

（a）　　　　　　　　　　　（b）

图 2-18　龙形式

2. 动作要领

（1）两掌相合于胸前的动作要协调。

（2）按掌、托掌要对撑。

3. 技击要点

（1）以防化为主。

（2）以背靠击后方来敌。

十八、胸前挂印

1. 动作说明

（1）接上式，腰迅速左转，重心右移，左掌收于胸前，右掌按于腹前，同时左胯带膝、带脚提起，见图 2-19（a）。也可以两掌相合于胸前，同时左胯带膝、带脚提起，见图 2-19（a）（侧面）。

（2）动作不停，左胯带膝、带脚向右前点踏而出。同时右掌向下，左掌成仰掌向前托出，见图 2-19（b）。

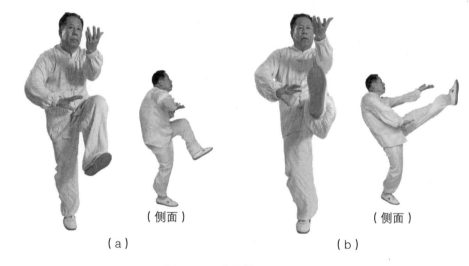

（侧面）

（a）

（侧面）

（b）

图 2-19　胸前挂印

2. 动作要领

起左脚要快速，同时缩身蓄力，点踏而出要拧腰送胯，力达脚尖。

3. 技击要点

脚尖点击对方的胸口、心窝。

4. 最易衍生的技击方法

点踏动作最易衍生为蹬踹对方的胸腹部。

十九、双撞掌

1. 动作说明

（1）接上式，左脚落地，右脚向前一步，两掌交叉上架，随即分开落于胸部两侧，见图2-20（a）。

（2）动作不停，提右腿，两掌相合于腹前，见图2-20（b）。

（3）动作不停，右脚落地的同时，两掌外旋，指尖相对，虎口向下，向前推出，见图2-20（c）。

（a）　　　　　　　（b）　　　　　　　（c）

图2-20　双撞掌

2. 动作要领

两掌交叉上架蓄劲，借进身劲一起推出。

3. 技击要点

以两掌交叉上架化解来袭之拳为辅，以两掌撞击对方的胸腹部为主。此为八卦掌经典的技击方法。

二十、白猿献果

1.动作说明

（1）接上式，左脚上步，两掌分开，见图 2-21（a）。

（2）动作不停，右脚上步，重心右移成右弓步，两掌内旋，各沿弧线经腰侧于胸前相合上行，两掌成莲花掌上捧之式，见图 2-21（b）。

（a）   （b）

图 2-21 白猿献果

2.动作要领

（1）两掌分开蓄力，做出横扫千军之式。

（2）借右脚上步之式，做出莲花掌上捧之式。

3.技击要点

以莲花掌上捧之式托击对方的下颌。

4.最易衍生的技击方法

接拿对方的来袭之拳。

二十一、脑后摘盔

1.动作说明

（1）接上式，插左步于身后，左转身，保持莲花掌上捧之式，见图2-22（a）。

（2）动作不停，身体左转、下腰、坐胯拧缠，右掌下扣，左掌收于腹侧，见图2-22（b）。

（a） （b）

图2-22 脑后摘盔

2.动作要领

左转、下腰、坐胯要迅速协调，做出拧缠扣摔之式。

3.技击要点

（1）由托击对方的下颌转为锁颈。

（2）接拿对方的来袭之拳后，转身拧缠、扣摔。

二十二、回头望月

1. 动作说明

（1）接上式，左脚上步，穿左掌，见图 2-23（a）。

（2）动作不停，插右步于身后，穿右掌于左掌下，交叉成剪子手，见图 2-23（b）。

（3）动作不停，右脚上步于身前，两掌随右转身在胸前划弧，随势变双拍掌击出，见图 2-23（c）。

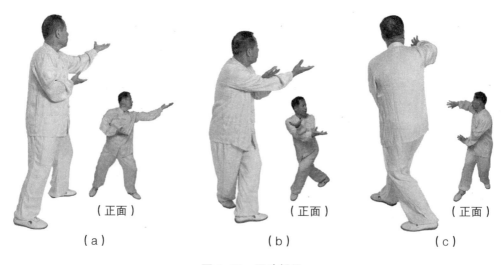

（正面） （正面） （正面）

（a） （b） （c）

图 2-23 回头望月

2. 动作要领

（1）上步、插步要步法灵活，摆扣清晰，迅速协调，程度适中，顺势到位。

（2）右脚上步于身前与双拍掌要同步，借右转身之势，做到劲力干脆。

3. 技击要点

（1）插步到对方的侧面或身后，借右转身用肩靠击对方。

（2）借右转身之势，拍击对方的背部，或砍击对方的脖颈。

二十三、云掌

1.动作说明

（1）接上式，扣左脚上步，左掌外旋，掌心向外，抬至与肩齐，右掌动作基本不变，见图2-24（a）。

（2）动作不停，撤右脚，右转身，同时右掌内旋做云手，掌心向内，左掌下落至胸前，两掌对撑，见图2-24（b）。

（正面）

（a）　　　　　　　　　　　　（b）

图2-24　云掌

2.动作要领

上步、撤步要协调到位，右掌做云手时要打出拧扳劲和整劲。

3.技击要点

（1）拧扳对方的下颌。

（2）倒抹门楣。

二十四、金鱼合口

1. 动作说明

（1）接上式，重心移至左脚，提右腿，身体右转，右掌外旋经腋下穿出，掌心向外。左前臂收于左肩前，掌心向外，见图 2-25（a）。

（2）动作不停，右腿外摆落于左腿前方，身体左转，两掌随势穿出，见图 2-25（b）。

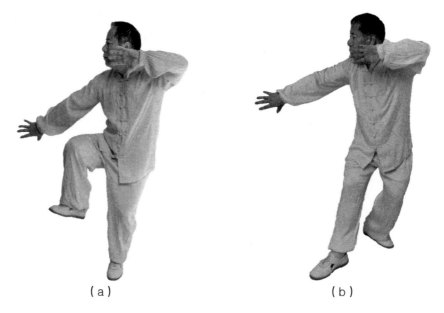

（a）　　　　　　　　　　　（b）

图 2-25　金鱼合口

2. 动作要领

双臂动作要分明、协调，尤其是两掌在右腿外摆落地时，要随身体左转穿出，身上要有拧旋劲。

3. 技击要点

以防化、进身为主。

二十五、收势

动作说明

（1）接上式，重心移至右脚，扣左脚上步于右脚前。右掌保持向前穿出的状态，穿左掌于右前臂下，掌心向下，见图2-26（a）。

（2）动作不停，撤左脚，与右脚齐，身体略右转，两掌均内旋，沿弧线收于腰侧，掌心向上，见图2-26（b）。

（3）动作不停，两掌上抬至胸前外旋，虎口相对向前推出，见图2-26（c）。

（4）动作不停，收左脚于右脚内侧，立身中正，两掌收于身体两侧，见图2-26（d）。

（a）

（b）

图2-26　收势

（c）

（d）

图 2-26　收势（续）

附录

附录一 "郭式八卦掌"拳谱（动作名称）

一、单换掌

（一）夹马势　　　　　（二）脱身化影

（三）叶底藏花　　　　（四）紫燕抛剪

（五）黄鹰着地　　　　（六）行步走转

（七）右单换掌　　　　（八）叶底藏花

（九）紫燕抛剪　　　　（十）黄鹰着地

二、双换掌

（一）左单换掌　　　　（二）上步三盘掌

（三）鹞子入林　　　　（四）上步穿掌

（五）脑后摘盔　　　　（六）鹞子入林

（七）云掌　　　　　　（八）狮子摇头

（九）紫燕抛剪　　　　（十）黄鹰着地

三、顺势掌

（一）右单换掌　　　　（二）双撞掌

（三）青龙返身　　　　（四）双撞掌

（五）龙形式　　　　　（六）胸前挂印

（七）扑腿游身 　　（八）白猿献果

（九）黄鹰着地

四、转身掌

（一）右单换掌 　　（二）霸王托鼎

（三）金龙缠身 　　（四）上步穿掌

（五）脑后摘盔 　　（六）鹞子入林

（七）云掌 　　　　（八）狮子摇头

（九）紫燕抛剪 　　（十）黄鹰着地

五、回身掌

（一）单换掌 　　　（二）金龙吐珠

（三）仙人让路 　　（四）力劈华山

（五）五龙探手 　　（六）横扫千军

（七）紫燕抛剪 　　（八）黄鹰着地

（九）紫燕抛剪 　　（十）黄鹰着地

六、撩阴掌

（一）单换掌 　　　（二）猛虎回头

（三）金蛇出洞 　　（四）猛虎回头

（五）金蛇出洞 　　（六）鹞子钻天

（七）金蛇伏地 　　（八）鹞子钻天

（九）金蛇伏地 　　（十）鹞子钻天

（十一）金蛇伏地 　（十二）横扫千军

（十三）紫燕抛剪 　（十四）黄鹰着地

七、摩身掌

（一）单换掌　　（二）五龙洗爪

（三）金鱼合口　　（四）五龙洗爪

（五）金鱼合口　　（六）五龙洗爪

（七）金鱼合口　　（八）五龙洗爪

（九）金鱼合口　　（十）五龙洗爪

（十一）金鱼合口　　（十二）大鹏展翅

（十三）狮子抖擞　　（十四）横扫千军

（十五）紫燕抛剪　　（十六）黄鹰着地

八、揉身掌

（一）浮云遮顶　　（二）回头望月

（三）风摆杨柳　　（四）紫燕抛剪

（五）黄鹰着地　　（六）收势

附录二　张村国际武术小镇穿桩演练剪影

武术小镇一角

师父带领弟子穿桩演练

桩上演练

紫燕抛剪演练

猛虎回头演练

脱身化影演练

上步三盘掌演练一

上步三盘掌演练二

脑后摘盔之衍生掌演练

单换掌演练

后记

  《简化八卦掌 25 式》一书能够成形，首先感谢师父郭振亚和师弟郭浩的技术指导。师父对技术的要求非常严格，我第一次向师父汇报时，没等我打完两式，师父就叫停了，说："等有时间我带你穿穿桩，练一练九宫掌就明白了。"

  一天，师父带我和郭浩、刘光辉、郭庆展、史建军、任少常、石会民等弟子来到家乡"张村国际武术小镇"演练穿桩。当时，年近八旬的恩师不仅亲身示范九宫掌的穿桩动作，演练技击方法，强调关键动作，还对每个人分别进行指导，对每个动作一一分析讲解。

  为了让我们进一步了解八卦掌走圈的道理，在寒露这天的下午，师父又为我们进行了更有针对性的演练和讲解，再次强调八卦掌重点在"转"，核心在"变"的理念。于是，我明白了师父当时叫停的原因，从中理解了八卦掌"走圈换位"的拳理精髓。

  师父先后两次给我们示范、演练穿桩，充分体现了师父对《简化八卦掌 25 式》一书的重视，也使我领悟了师父常讲的"圈中之奥秘"和"八卦掌就是老叟戏顽童"的深刻道理。随后，我结合穿桩的体会和平时练习八卦掌的心得，按照"走圈换位"的打法演练了一遍之前没打完的套路。师父看了说："这就有点儿味道了，按这思路继续完善吧。"在此，我深深地感谢恩师的指导和师兄弟们的配合演练。

同时，我还要真诚地感谢北京体育大学中国武术学院前院长张强强的指导！感谢各位编辑老师的辛苦付出！感谢师弟汪树新先生（北京九鼎伟业集团董事长）和陈勇先生（固安县永丰新型建材有限公司原总经理）的大力支持！

其间，长子刘洪君参与了图片摄影和部分设计工作，次子刘洪毅参与了图片剪修和初步的文字修改工作。

刘玉海

2024 年 10 月于北京